TRÈS BEAU SALON

[illegible]

N. LANCRET

PARIS — 1896

NOTICE

sur un très beau salon

DÉCORÉ PAR

N. LANCRET

DONT LA VENTE AURA LIEU A PARIS

GALERIE GEORGES PETIT

8, RUE DE SÈZE, 8

Le Mercredi 27 Mai 1896

A QUATRE HEURES ET DEMIE

COMMISSAIRE-PRISEUR	EXPERT
Mᵉ PAUL CHEVALLIER	M. EUG. FÉRAL, PEINTRE
10, rue de la Grange-Batelière, 10	54, rue du Faubourg-Montmartre, 54

EXPOSITIONS

Particulière : *Le Lundi 25 Mai 1896, de une heure à six heures*

Publique : *Le Mardi 26 Mai 1896, de une heure à six heures*

CONDITIONS DE LA VENTE

Elle sera faite *expressément* au comptant.

Les acquéreurs payeront *cinq pour cent* en sus des enchères.

L'exposition mettant le public à même de se rendre compte de l'état et de la nature des objets, il ne sera admis aucune réclamation une fois l'adjudication prononcée.

Paris. — Imprimerie de l'Art, E. Moreau et Cie, 41, rue de la Victoire.

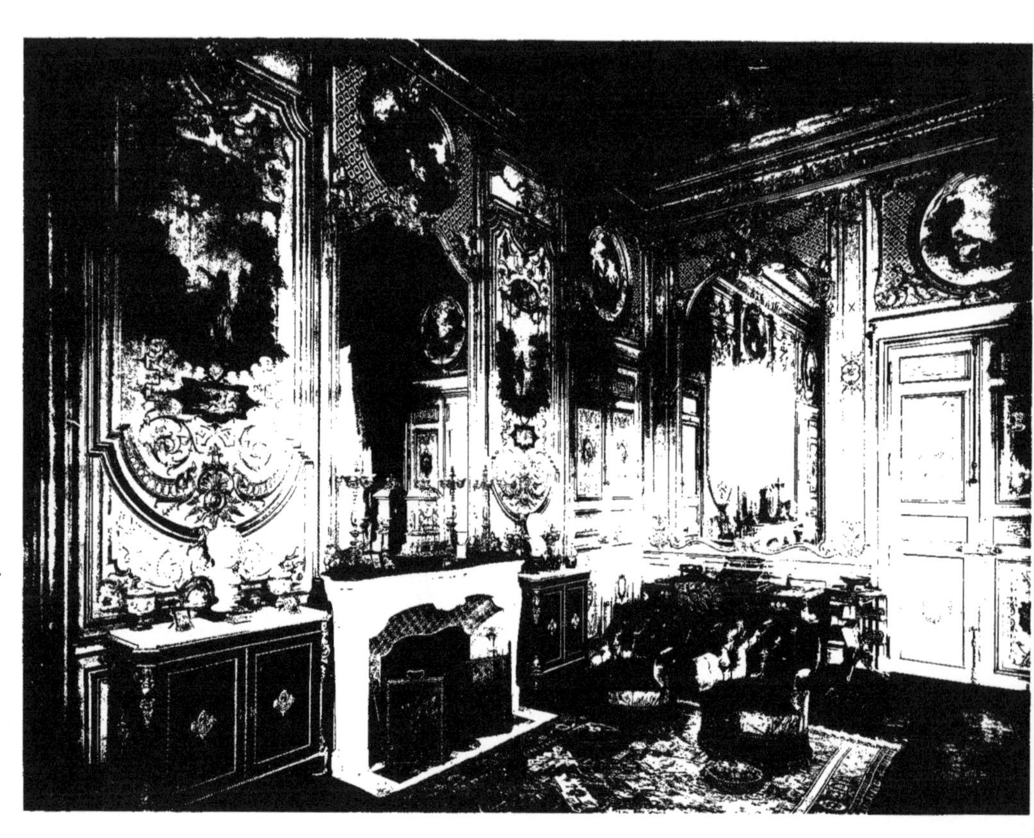

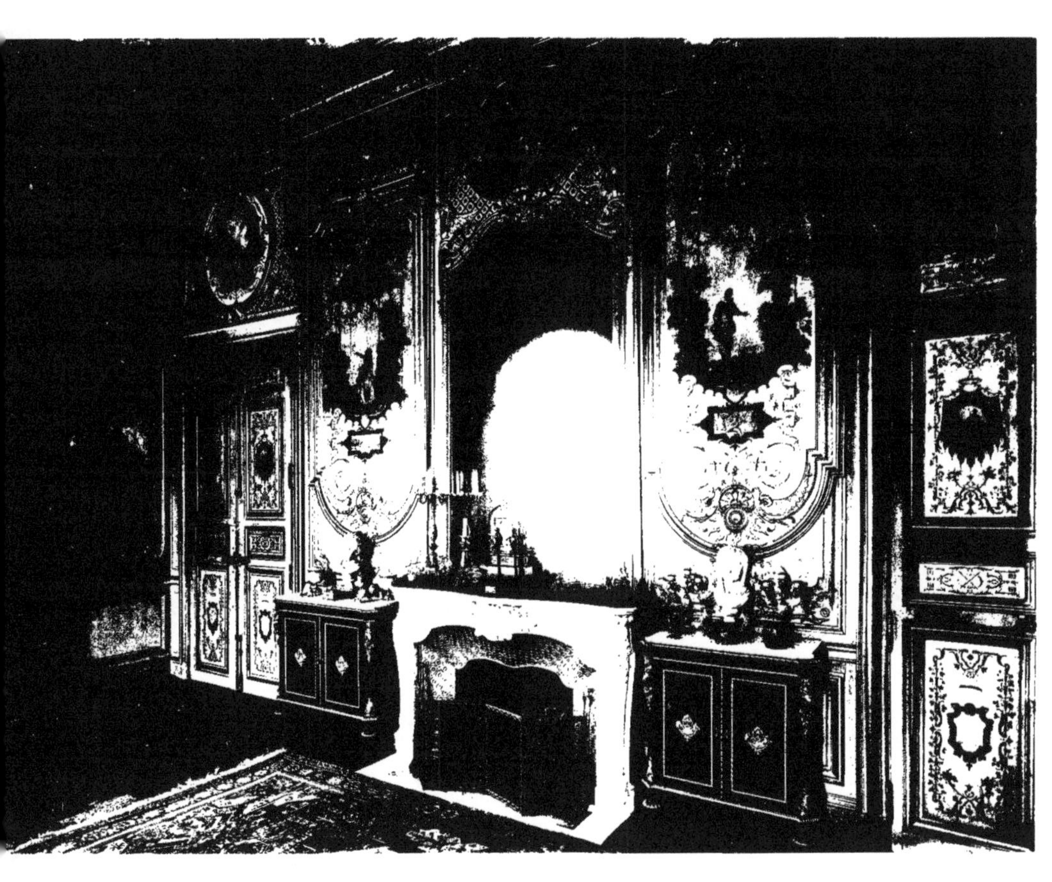

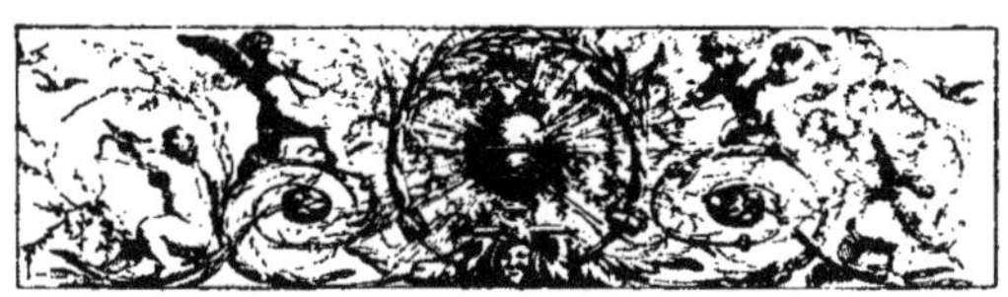

UN SALON DE LANCRET

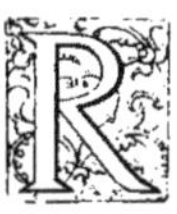EMONTONS *dans le passé : nous voici en 1731 : la place à laquelle Louis XIV eût voulu laisser le nom de place Louis-le-Grand s'appelle toujours place Vendôme, en souvenir des religieuses qui y avaient leur communauté ; et cette place est devenue le centre des affaires d'argent ; on y trafique de finances ; des barraques y ont surgi, où s'essaient des fortunes et se consomment des ruines.*

Devant la maison qui fait le coin de la place et de la rue de la Paix, des carrosses stationnent, des chaises pénètrent sous la voûte. Le Mercure de France *pourrait noter au passage les arrivants : le président Hénault, qui vient chercher en ces maisons construites par Mansard, le grand-père de sa femme, le souvenir de la chère morte qu'il aimait autant qu'il lui était infidèle : Mme Du Deffand, encore recueillie après sa séparation conjugale, menée bruyamment, mais acceptant déjà les compensations tendres que lui prodigue le président Hénault ; Marie-Joséphine Bonnier, fille du trésorier de Languedoc, et trois ans plus tard duchesse de Chaulnes, qui promène en ce coin de Paris les impatiences de son cœur, et la curiosité de son esprit jeune et vif ; le comte de Caylus, meurtri par la mort de sa*

mère et jeté à corps perdu dans l'étude de l'art et de l'archéologie; Mme de Bolingbroke, qui apporte de Londres sa rayonnante beauté, et son âme compatissante, et avec qui de Caylus peut s'épancher et parler de celle « dont rien au monde ne pourra le consoler »; et d'autres encore, le vieux Villeroy et les élégants Tressan, Surgères, Brassac, sans oublier Mlle Quinault, dans tout l'éclat de sa gaieté impertinente, fêtée comme incomparable comédienne et écoutée pour son instruction rare et son esprit profond de culture et plein de saillies.

Dans la maison, où fréquente cette élite, le propriétaire, M. de Boullongne, intendant des ordres du Roi, gastronome délicat, et causeur plus délicat encore, a confié à Lancret la décoration entière d'un salon. Lancret est encore discuté, mais il a de fervents admirateurs, et M. de Boullongne, en l'appelant à lui, a fait plus qu'un choix heureux, il a fait une manifestation. Nous voici en 1731, ai-je dit : l'œuvre est achevée, et dans le salon délicieux, Mme Du Deffand et Mlle Quinault, la grande dame et la grande soubrette, toutes deux en verve, jouent aux pointes, pour la joie aiguë des auditeurs, et, sans en avoir l'air, le sourire au coin de la lèvre, mais l'éclair dans les yeux, se déchirent de traits si spirituels, qu'on n'ose en soupçonner, sur l'heure, la méchanceté.

Et cette évocation de la vie mondaine au siècle dernier, cette évocation d'une société qui nous apparaît flottant dans un rêve, je la sentais dernièrement en visitant ce salon de Lancret, qui est le plus admirable ensemble décoratif qu'on puisse rencontrer ; je ne connais pas de décor mieux approprié à la comédie humaine d'une époque; je ne sais pas de symphonie où tout concourt mieux à l'interprétation d'une synthèse de sentiments complexes; je ne crois pas qu'il existe un autre témoin aussi parfait, aussi uni, de ce que fut l'art de suprême galanterie de ces grands inspirés qui n'ont voulu voir que du sourire dans la nature et qui n'ont admis de tristesses que celles de l'amour, — l'amour qu'il faut chérir jusqu'en ses blessures !

Lancret, dont le titre d'admission à l'Académie de peinture est celui de peintre des fêtes galantes, *n'a jamais rien produit de mieux équilibré, de plus exquis de couleur — et le mot exquis a ici son sens précis d'excellence et de délicatesse — ni de moins recherché comme esprit en demeurant essentiellement spirituel. Les descriptions qui suivent le prouvent; M. Féral y fait sentir, en une expression heureuse, la simplicité qui voudrait faire croire à une improvisation de fantaisie.*

Mais qu'on y regarde de près, qu'on étudie chacune des parties de cette œuvre de magnifique élégance; qu'on perçoive combien il y a là d'harmonie pondérée, de richesse d'imagination appliquée à se défendre de tout excès, de variété sachant éviter ce qui pourrait sembler disparate, sachant éviter également ce qui pourrait sembler du caprice facile et de la monotonie, et l'on sera d'avis que l'homme qui était capable d'un effort aussi agréable, aussi souriant, aussi personnel, à une époque où le concept de Watteau influençait la pensée contemporaine, était un maître dans toute l'acception du mot.

A mesure que je m'imprégnais l'esprit de cette vision, je constatais — et c'est là l'effet des œuvres immuablement belles sur les ressorts de notre sensibilité, — je constatais que ce salon était tel qu'il me serait désormais impossible de le rêver autrement et je pensais que ce doit être une immense et secrète joie d'écouter, au regard de notre temps, palpiter en ces panneaux, témoins de tant d'événements divers, l'âme de l'autre siècle.

Certes, à notre époque d'histoire et de critique, on a essayé de reconstituer des systèmes anciens de décoration ; on a façonné des ensembles, assez adroits, de fragments authentiques réunis par occasion de droite et de gauche ; mais de quel intérêt supérieur doit primer un tout parfait comme celui que constitue ce salon de Lancret, quand on sait que l'œuvre, en sa fraîcheur qui nous étonne et nous enchante, est encore à l'endroit où elle fut conçue et exécutée ; quand on sait qu'elle a vu, comme un flot, rouler les générations sans rien perdre de sa clarté gaie et jeune, à la fois attendrie et sceptique, naïve et coquette, très humaine et cependant très animée d'une convention contemporaine, où la raison voulait trouver un refuge dans la mythologie aimable des bergers et des bergères — des demi-dieux et des demi-déesses.

*Heureux l'homme de goût qui comprendra que s'il y eût rivalité entre Lancret et Watteau, Watteau avait enfin trouvé un rival digne de lui ; heureux cet homme de goût qui, en se rendant acquéreur d'une des plus belles inventions de l'art décoratif pendant la première moitié du XVIII*e *siècle, ressuscitera, pour le plaisir de son œil et de son esprit, un âge où la galanterie savait tout dire, parce que son expression, acquise en une étude dont on ne soupçonne ni la profondeur, ni la conscience, est faite de grâce infinie et d'idéal !*

L. Roger-Milès.

NOTICE

Il est bien rare, en notre temps, de retrouver, intactes et dans leur ensemble, les décorations que nos grands maitres français du XVIIIe siècle excellaient à peindre dans les salons des seigneurs de l'époque.

Aussi, nous ne doutons pas du succès qu'accueillera la mise en vente du salon décoré par Nicolas Lancret, auquel est consacré la présente notice.

En 1728, M. de Boullongne, premier commis des finances et intendant des ordres du Roi, acheta l'hôtel, sis à Paris, au coin de la rue de la Paix et de la place Vendôme, édifié par Mansard. — Il commanda à Lancret la décoration du salon qui devait être le joyau de ses appartements.

Nous n'avons pu retrouver la date précise de l'exécution de cette œuvre, mais il est vraisemblable, d'après les documents qui subsistent et ainsi que l'on peut en juger d'après le faire de ces peintures, qu'elle eut lieu peu de temps après l'acquisition de l'hôtel, à une époque proche de 1730.

Lancret, aux environs de sa quarantième année, était alors à l'apogée de son talent. C'était la période la plus pure et la plus brillante du style Louis XV.

Depuis cette date, cette magnifique décoration a orné le même salon, conservée par ses propriétaires successifs avec un soin qui nous permet de l'admirer aujourd'hui telle qu'on pourrait la croire sortant de l'atelier du maitre. Elle se compose de cinq panneaux en hauteur, trois dessus de portes, un dessus de glace et trois portes à deux battants dont la description se trouve au corps de la notice, en face des reproductions qui n'en donne qu'une vague image.

Cette décoration est bien l'œuvre la plus importante et la plus charmante de Nicolas Lancret. — Tout est séduction dans ce salon exquis :

C'est d'abord la composition pleine de la grâce qui caractérise le XVIIIe siècle ; le choix toujours heureux du sujet, célébrant la fine galanterie en mouvements délicats, en allégories aimables, entouré d'ornements capricieux, du goût le plus coquet, et se détachant sur un fond d'un blanc crémeux qui donne à l'ensemble une harmonie parfaite.

L'exécution adroite de ces peintures est de la touche la plus spirituelle.

Enfin, la tonalité de cette œuvre, exempte de toute note sombre, est la plus fraîche, la plus éclatante et la plus douce à la fois que ce charmant artiste ait atteinte.

Lancret a bien certainement égalé son maître Watteau dans cette œuvre, qui forme non seulement un ensemble délicieux, mais dont toute pièce détachée doit être considérée comme un charmant tableau du maître.

Nous n'hésitons pas à affirmer que cette décoration, dont nous ne connaissons même pas l'équivalent dans les Palais nationaux, est unique, tant par sa beauté que par l'état de sa conservation.

N. B. — Ce salon est cité : dans *le Catalogue Quentin de Lorangère*, par Gersaint ; dans les notes qui suivent *l'Éloge de Lancret*, par Ballot du Savot, publié par Guiffrey ; dans *le Catalogue raisonné de l'Œuvre de Lancret*, par Em. Bocher.

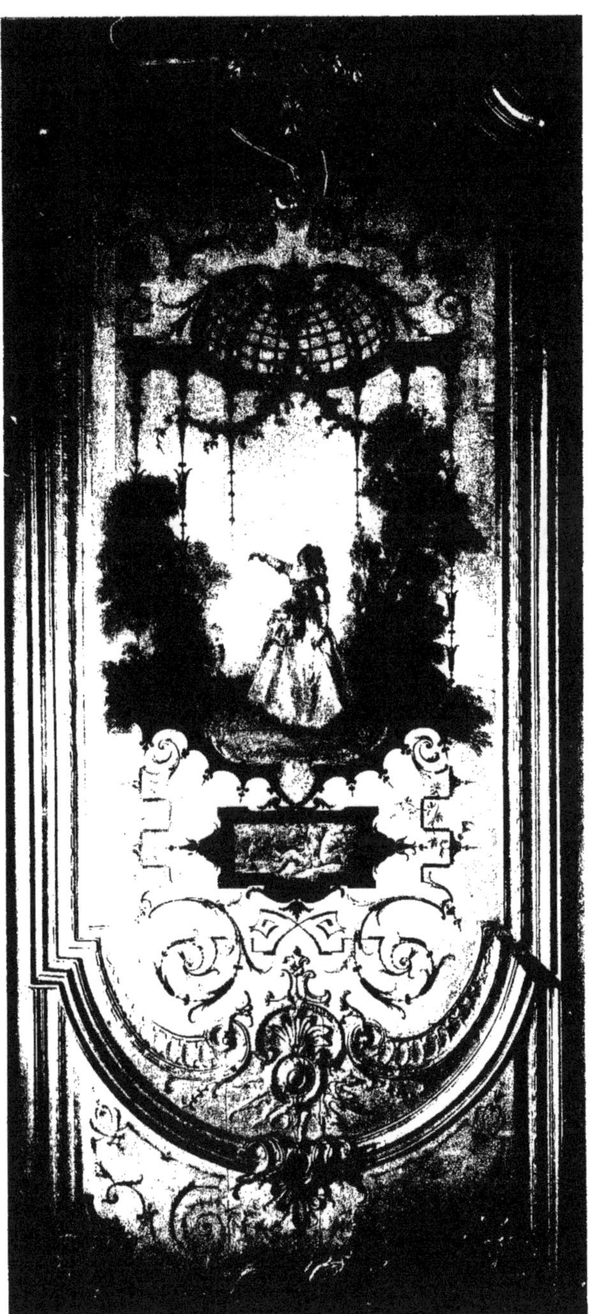

I — La Danseuse

En robe de satin blanc, une écharpe de soie rose lui entourant la ceinture et les épaules, elle esquisse un pas de danse; le bras droit relevé, la tête de profil, regardant vers la gauche.

Elle est placée au centre du panneau, sous un dôme formé de treillages verts soutenu par quatre légères colonnettes agrémentées de guirlandes de fleurs.

Au-dessous se trouve une peinture en grisaille représentant un berger, assis au pied d'un arbre, jouant du chalumeau ; devant lui, son chien ; sur la droite, un mouton. Ce sujet est entouré d'arabesques délicatement contournées et accompagnées de bouquets de fleurs, de légers rinceaux, de feuillages, de lambrequins et d'oiseaux.

Toile. Haut., 2 m. 6 cent.; larg. 96 cent.

2 — Gille

Il se présente de trois quarts, le chapeau à la main, faisant un geste du bras gauche.

La tête rasée; collerette plissée, vêtement blanc et bas rouges.

Il est placé au centre du panneau, sous un dôme léger enguirlandé de feuillages et soutenu par quatre colonnettes. Au-dessous se trouve une peinture, en camaïeu bleu, représentant un homme assis sur une table et jouant de la mandoline.

Le tout entouré d'arabesques et de légers rinceaux accompagnés de fleurs, de feuillages et d'oiseaux posés sur des lambrequins.

Toile. Haut., 2 m. 6 cent.; larg., 79 cent.

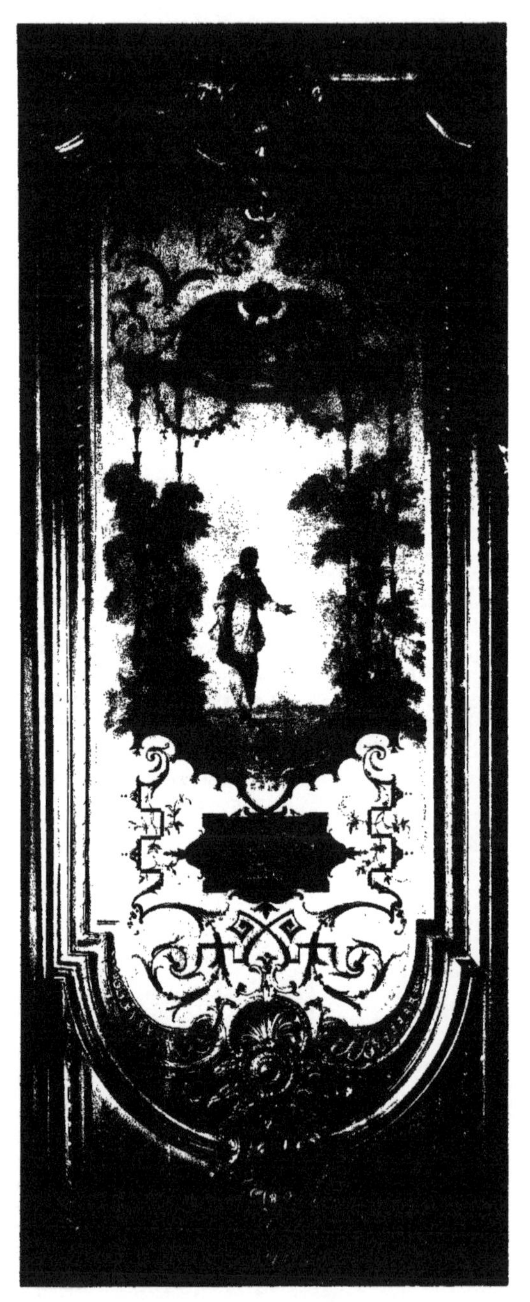

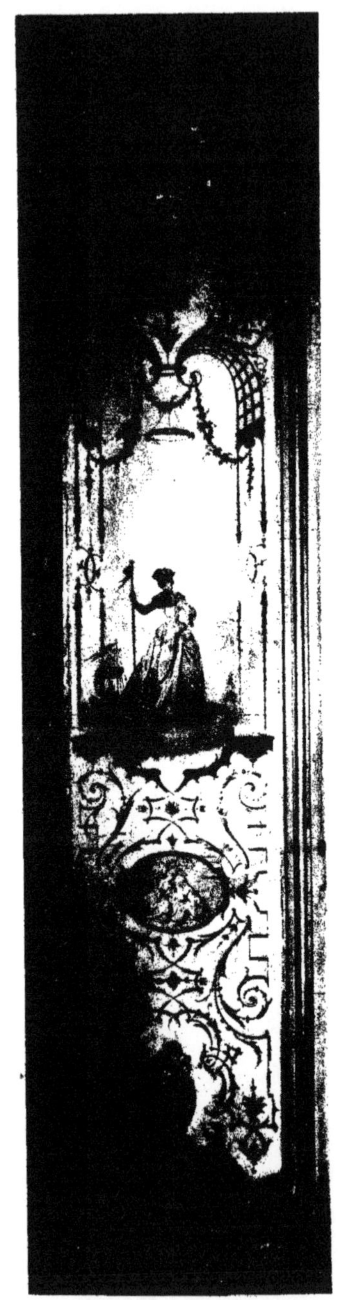

5 — La Pèlerine

Debout, vue de dos, elle est appuyée sur un bâton enrubanné auquel est attachée une gourde.

Coiffée d'un tricorne, corsage jaune et petit manteau posé sur ses épaules, elle tient de la main droite sa jupe bleue relevée sur la hanche.

Elle est placée au centre du panneau sous un motif en treillages dorés agrémenté de guirlandes, de bouquets et d'une couronne de fleurs.

Au-dessous, une peinture en grisaille représentant un gentilhomme agenouillé près d'une jeune femme.

Au sommet du panneau, une cage est suspendue par des guirlandes de fleurs.

Le tout est entouré d'arabesques finement contournées, de rinceaux, de feuilles d'acanthe, de fleurs et d'oiseaux.

Toile. Haut., 3 m.; larg., 59 cent.

4 — La Femme au Parasol

Marchant vers la gauche, un parasol à la main, elle est vêtue d'une robe de soie jaune; une écharpe en mousseline voltige derrière elle.

Placée au centre du panneau, sous un motif de treillages dorés orné de guirlandes, de bouquets et d'une couronne de fleurs.

Au-dessous, une peinture en grisaille représentant une jeune femme à sa toilette.

Au sommet du panneau, des guirlandes de fleurs retiennent un cerceau au milieu duquel est perché un perroquet.

Le tout est entouré de fines arabesques, de rinceaux roses et bleus, de fleurs et de feuillages.

Toile. Haut., 3 m.; larg., 57 cent.

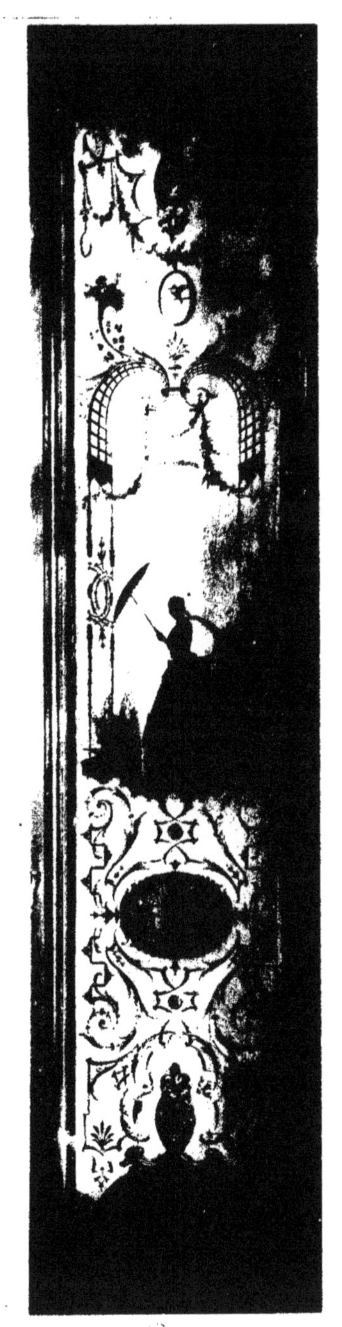

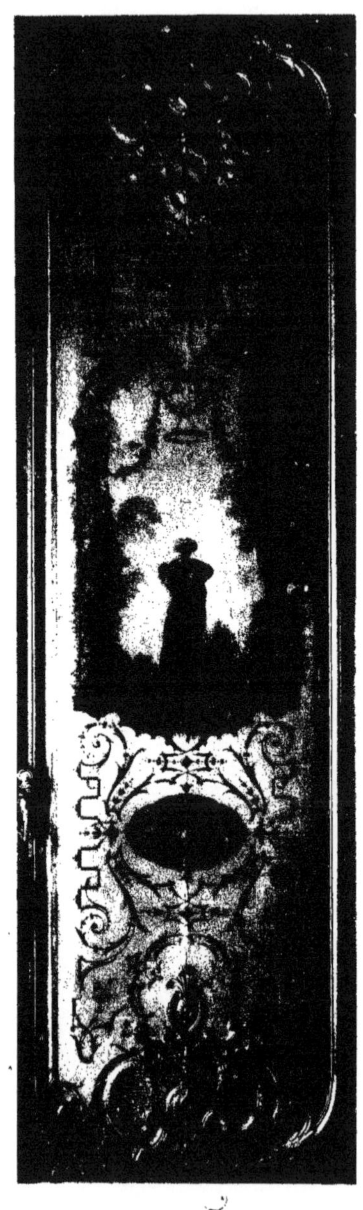

N° 5

5 — Le Turc

Il est campé, vu de face, tenant une guitare sous son bras droit, la main gauche sur la hanche.

Coiffé d'un turban blanc, il porte un gilet bleu, veste rose et amples culottes bouffantes.

Il est placé au centre du panneau dans une tonnelle formée de treillages de bois doré, accompagnée de guirlandes, de vases et d'une couronne de fleurs.

Au-dessous, se trouve une peinture en camaïeu bleu représentant deux jeunes femmes jouant avec une balançoire.

Au sommet du panneau, un motif composé d'une cage suspendue à des guirlandes de fleurs.

Le tout entouré de fines arabesques, de rinceaux gracieusement contournés et de feuilles d'acanthes.

Ce personnage a été gravé par Schmidt, sous ce titre : *Le Turc amoureux*. On lit sur la gravure les vers suivants :

Jusque dans ce climat barbare
L'amour porte en mon cœur les plus sensibles coups
Et sans cesse on m'entend chanter sur ma guitare :
« Maudit soit cet enfant qui montre un air si doux,
« Il est cent fois plus Turc que nous. »

Toile. Haut., 3 m.; larg., 80 cent.

6 — La Balançoire.

Une jeune femme, en robe de soie jaune, corsage entr'ouvert sur la poitrine, jupon laissant voir ses petits pieds chaussés de mules de satin rose, est assise sur une balançoire qu'un jeune homme, en costume gris, bas blancs et souliers à nœuds de rubans, active au moyen d'une corde.

La balançoire est suspendue à deux arbres formant berceau. Le tout se détachant sur un fond de ciel.

Ce sujet est entouré de fines arabesques.

Toile. Haut., 95 cent.; larg., 88 cent.

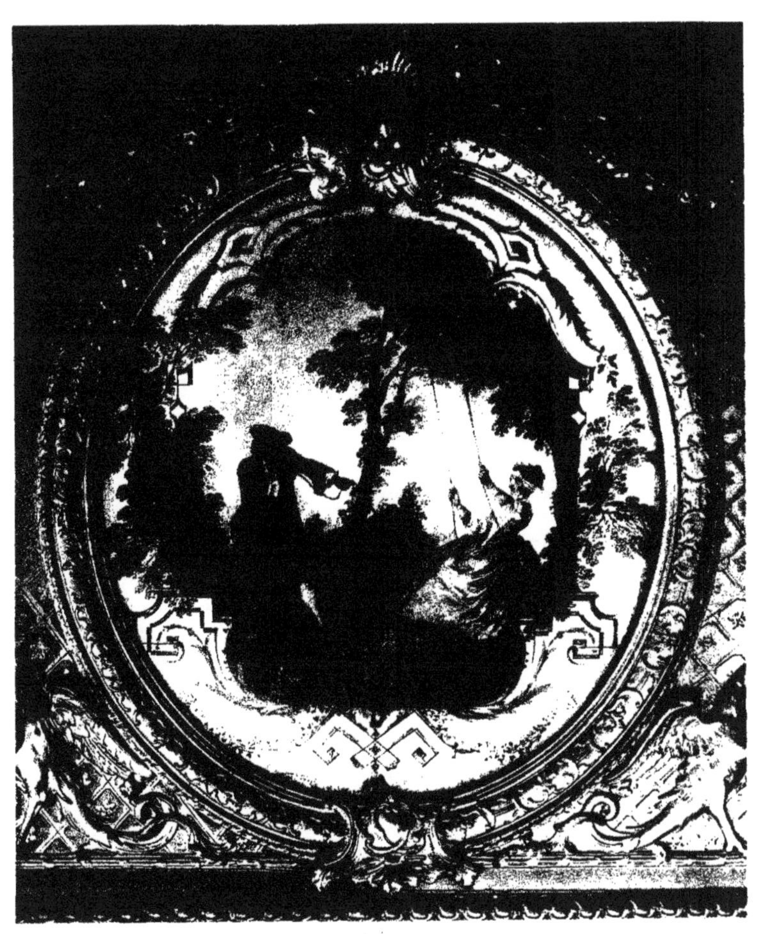

N° 6

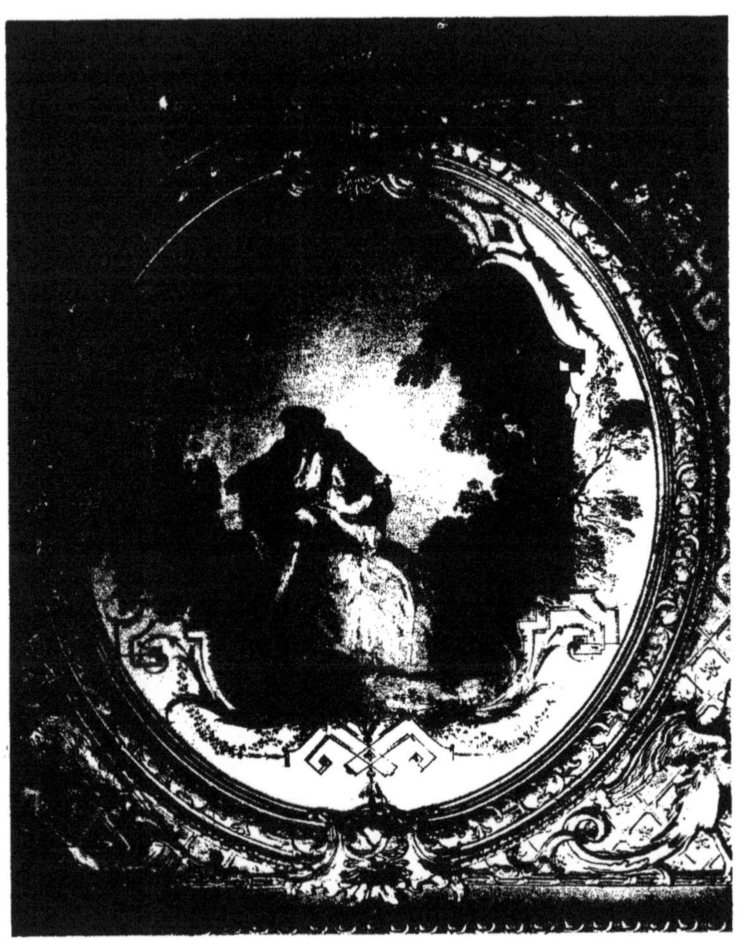

N° 7

7 — L'Oiseau mis en cage.

Deux jeunes villageois sont assis sur une butte de gazon.

Le jeune homme, en toque bleue, veste rouge ouverte sur la poitrine, culotte grise et bas blancs. soutient du bras droit la cage posée sur sa cuisse. De son bras gauche, il entoure les épaules de sa compagne qui s'appuie négligemment sur lui.

Elle porte un corsage rose décolleté avec jupon vert et tablier de mousseline rayée, quelques fleurs dans les cheveux.

Fond de ciel avec bouquets d'arbustes sur les côtés.

Entouré de fines arabesques.

Dessus de porte.

Ces deux personnages ont été reproduits plusieurs fois par *Lancret* avec des variantes et ils se trouvent dans les *Amours du bocage*, gravé par Larmessin.

On lit sur cette gravure les vers suivants :

> Que cet heureux oiseau, que votre main caresse,
> Est bien récompensé de sa captivité !
> Le berger qui vous sert avec tant de tendresse
> Est bien moins libre et moins bien traité.

Toile ovale. Haut., 95 cent.; larg., 88 cent.

8 — Le Joueur de cornemuse.

Il est debout, son instrument sous le bras gauche; portant un veston jaune rosé, culotte grise et bas blancs, une toque et un petit manteau jeté sur les épaules.

Il cause avec une jeune fille assise sur un tertre, près de lui, et jouant avec un éventail, vêtue d'un corsage bleu décolleté à manches roses et jupe de satin blanc.

Un petit chapeau de paille est coquettement posé sur sa tête.

Ces figures se détachent sur un fond de ciel, auprès de deux massifs de verdure.

Quelques gracieuses arabesques entourent ce sujet.

Toile ovale. Haut., 95 cent.; larg., 88 cent.

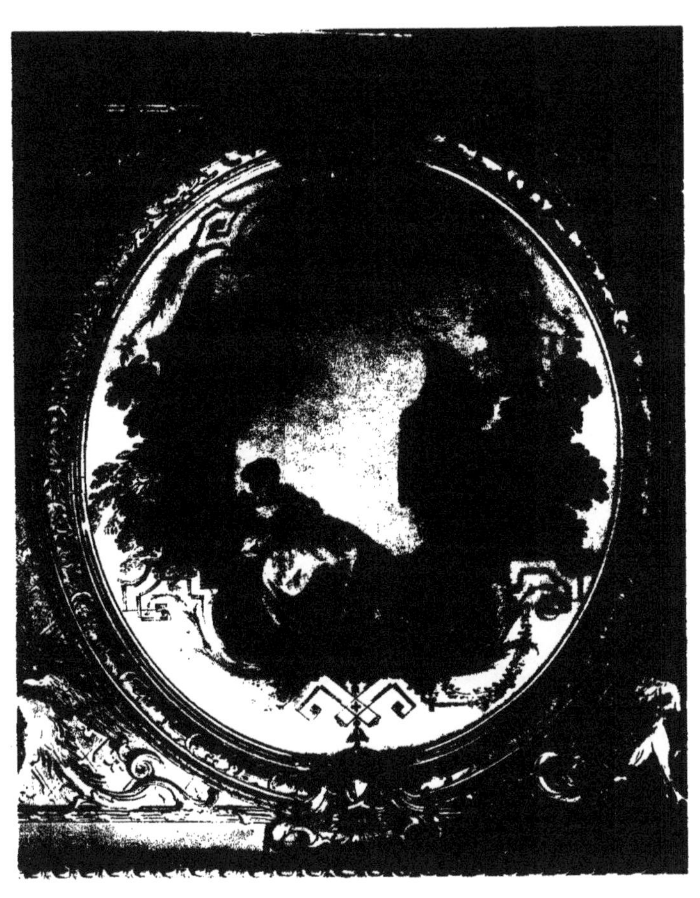

N° 8

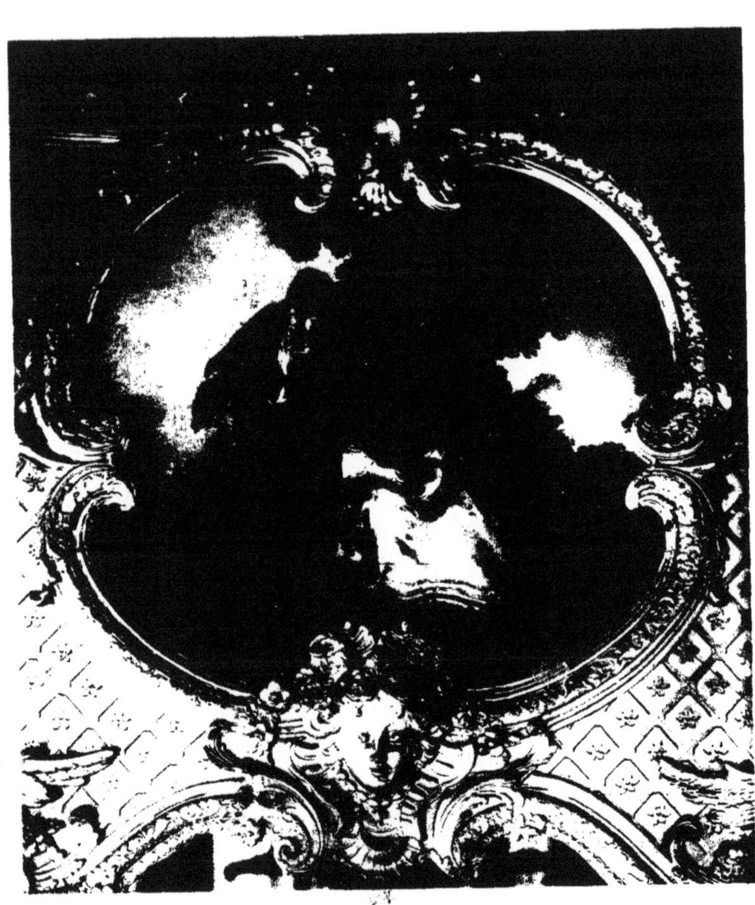

N° 9

9 — Le Sommeil de la bergère.

Assise à l'ombre d'un bouquet d'arbres, elle dort paisiblement, vêtue d'un élégant costume : jupon de soie bleue, corsage rouge décolleté et lacé sur la poitrine.

Un jeune berger, en habit rouge et gilet bleu, son chapeau à la main, s'est doucement approché d'elle, craignant de troubler son sommeil.

A droite et à gauche, un fond de ciel où l'on aperçoit le clocher du village.

Toile ovale. Haut., 75 cent.; larg., 80 cent.

10 — Trois Portes à deux battants.

Chaque battant est divisé en quatre panneaux : les deux plus grands, dans le sens vertical; les deux plus petits, dans le sens horizontal.

Ces panneaux sont formés d'ornements dorés accompagnés de fleurs et de feuillages.

Au centre des panneaux verticaux, formant la partie supérieure de chaque battant, se trouvent des lambrequins comprenant un médaillon représentant des jeux d'amours.

Au centre des panneaux verticaux, qui forment la partie basse de chaque battant, se trouve un écusson encadrant un paysage en camaïeu bleu.

Chaque battant mesure : haut., 2 m. 86 cent.; larg., 80 cent.

www.ingramcontent.com/pod-product-compliance
Ingram Content Group UK Ltd.
Pitfield, Milton Keynes, MK11 3LW, UK
UKHW022146170726
13837UKWH00004B/1810